황금빛 내 인생

노승덕 시집

한국공정문화타임즈출판국
네트워크인식개선 캠페인
www.poemnews.com

황금빛 내 인생

초판 1쇄 인쇄 | 2023년 3월 3일
초판 1쇄 발행 | 2023년 3월 6일

지 은 이 | 노승덕
펴 낸 이 | 박세희

펴 낸 곳 | ㈜도서출판 등대지기
등록번호 | 제2013-000075호
등록일자 | 2013년 11월 27일

주   소 | (153-768) 서울시 가산디지털2로 98,
         2동 1110호(가산동 롯데IT캐슬)
대표전화 | (02)853-2010
팩   스 | (02)857-9036
이 메 일 | sehee0505@hanmail.net

편집·디자인 | 박세원

ISBN 979-11-6066-088-3
ⓒ **노승덕** 2023, Printed in Seoul, Korea
값 13,000원

• 잘못된 책은 바꾸어 드립니다.

황금빛 내 인생

노승덕 시집

등대지기

출간의 변

네트워크 시인이 바라보는 아름다운 마케팅을 찾아서
네트워크 신문 창간 20주년을 자축한다

소중한 일터 네트워크
새빛이 깃들기를 기도한다
소중한 삶은 하늘의 뜻
어렵고 힘든 길
무거운 십자가
코로나를 감당하게 하여 주소서

새해 새마음
망가진 곳 손보고
동으로 창을 내서 새 출발을 한다

20년 전 오늘
세상이 외면하고 배척한 지난날

타인에게 받은 아픔도 힘이 되었다
산등성이 스무 개
모두 숨 가쁘던 봉우리
이겨낼 수 있도록 지켜준 사람들
한 줌 빛이었다

성장에 기여한 회원
천만 명 돌파
내일의 미래는 밝다
부자가 되기 위한
나의 선택은 바르고 옳았다

시를 짓고 쓰면서
마음의 간증 글의 힘에 기대어 산다
응원해 주신 모든 분들
고마움에 책 한 권을 바친다

칠갑산 까치내 〈시인의 집〉에서 백우

추천글

알바트로스의 눈부신 비행

마경덕(시인)

　노승덕 시인은 네트워크 마케팅 사업으로 성공한 슈퍼바이저(supervisor)이다. 시집 『황금빛 내 인생』은 자신의 성공을 확신하고 살아갈 길이 보이지 않는 사람들에게 "성공의 방향"을 명쾌하고 자신 있게 제시하고 있다.
　한때 삶에 지쳐 하루하루가 막막할 때가 있었다는 노승덕 시인. 강남역으로 가서 성공한 사람들의 체험적인 고백을 듣고도 자신이 없어 망설였지만 용기를 얻어 시작한 부업이 어엿한 직업이 되고 어느새 개미 군단 수천 명을 거느린 마케팅 관리자가 되었다. 한순간의 선택이 한 사람의 인생을 바꾸어 놓았다. 그의 결정은 옳았다.
　심리학자인 월터 미셸(Walter Mischel) 교수는 놀이방에 다니던 네 살짜리 아이들을 대상으로 마시멜로 하나를 주고 먹고 싶으면 벨을 누르라고 했다. 먹지 않고 20분을 참으면 하나를 더 주겠다며 자리를 떴다. 참지 못한 아이들은 벨을 눌러 마시멜로를 하나밖에 먹을 수 없었다. 실험이 끝난 후 10여 년이 지나 미셀 교수는 당시 마시멜로 실험에 참가했던 아이들을 수소문하여 학업 성취도 및 적응 정도 등을 평가했다. 모두 653명의 아이들의 자료를 모은 결과, "성공의 비밀"을 찾아냈다. 마시멜로 두 개를 얻어먹기 위해 20분을 참고 기다린 아이들은, 참지 못하고 중간에 벨을 울렸던 아이들에 비해 학교 성적도 우수하고 행동 문제를 일으킬 비율도 현저히 낮았다. 특히 스트레스가 심한 상황에서도 합리적인 결정을 내리는 데 탁월한 능력을 보였다. 미래의 보상을 얻어내기 위해 순간의 욕망을 참는 힘이 "성공의 비밀"이었다.

순간을 참지 못해 낭패를 본 일은 주변에서 흔히 볼 수 있다. 어떤 일을 이루기 위해서는 자신을 다스릴 힘을 길러야 원하는 결과를 얻을 수 있다. 노력없는 성공은 오래가지 못한다.

노승덕 시인은 처음엔 회사와 제품 오리지널 브랜드를 보고도 미덥지 않아 초대한 파트너 사장님 마케팅 방법을 복제하고 그 방법을 실행했다. 나름의 전략을 세우고 실천한 것이다. 긴밀하게 연결되어 조직적이고 효율적으로 움직일 수 있도록 만든 체계가 네트워크다. 암웨이. 애터미. 뉴스킨. 유니시티. 허벌라이프 등 믿을 수 있는 품질 좋은 제품으로 소비자에게 다가가 헌신과 나눔으로 믿음을 쌓다 보니 그 결과는 재구매로 이어졌다. 다단계라는 선입견을 버리고 합법적인 비즈니스에 뛰어들어 네트워크 마케팅으로 성공을 한 노승덕 시인, 문어발 네트워크는 노다지 인맥이었다. 사람이 "밑천"이었다. 열정과 꿈을 가진 사람은 사람을 끌어들이는 자석이었다. 자신을 버틸 수 있게 한 힘은 네트워크 비즈니스였다.

그는 무엇보다 성실을 밑천으로 남보다 먼저 준비하고 즐겨 일했다. 부정적 인식은 버리고 긍정의 힘으로 베풀고 나누는 삶을 실천하다 보니 어느새 성공과 행복이 곁에 있었다.

다이렉트 마케팅도 한몫을 했다. 유통의 단계는 광고 중간 단계를 없애고 수익의 일부를 돌려주며 서로 상생하는 길을 적용했다. 환경을 바꿀 수 없다면 생각을 바꾸라는 말도 있지 않는가. 노승덕 시인은 "주변 사람을 사랑하는" 것이 성공을 위한 "위대한 마케팅"이라고 단언한다. 자신이 선택한 길에 최선을 다했더니 개천에서 용이 태어났다고 한다.

그렇다면 성공한 사람들의 공통점을 살펴보자. 첫째 "위기를 기회"로 바꾸었다는 점이다. 역경을 만나 기회를 움켜쥐는 것은 자신에게 달려있다. 낭비한 시간에 대한 후회는 더 큰 낭비일 뿐이다.

둘째, "결단력"이 강했다. 한번 결심한 것을 자꾸 미루거나 핑계를 대지 않았다. 주변에 한눈팔지 않고 자기가 하는 일에 보람을 가지고 최선을 다해 헌신하며 성공을 디자인했다.

영국의 정치가이며 문인인 디즈레일리는 "사람이 성공하지 못하는 것은 처음부터 끝까지 한길로 나가지 않았기 때문이지 성공의 길이 험악해서가 아니다. 한마음 한뜻은

쇠를 뚫고 만물을 굴복시킬 수 있다"고 하였다. 앤드류 카네기의 성공 비결 중에 "정직하게 품질로 승부하라"는 말이 있다.

이런 점들은 노승덕 시인의 성공 비결과 일맥상통한다. 유명 브랜드에는 "믿음이라는 이미지 값"이 포함되어 있다. 유명 브랜드를 가진 회사의 정직한 상품이 소비자에게 만족감을 주고 소비자에 대한 판매자의 사소한 관심이 재구매로 이어진 것이다.

노승덕 시인은 스스로 자신을 스스로 바보 '알바트로스'라고 지칭한다. 날개를 펴면 3.7m에 이르는 세계 최대의 바닷새 '알바트로스'는 바람을 타고 5천Km까지 쉬지 않고 날 수 있다. 창공에서는 이토록 늠름한 새가 지상에서는 너무 긴 거추장스러운 날개로 뒤뚱거린다.

보들레르는 『악의 꽃』이라는 시집에서 뱃사람(수부)들이 장난삼아 '알바트로스'를 잡아 담뱃대로 부리를 괴롭히고 절뚝절뚝 걸음걸이를 흉내 내며 조롱한다고 하였다. 마치 지상으로 유배당한 저주받은 시인의 모습으로 투영했다.

노승덕 시인도 날개가 너무 커 무겁고 버겁던 젊은 날, 절벽에서 보낸 시간도 있었지만 세파가 거칠수록 날개를 퍼득이며 힘겨운 날갯짓으로 여기까지 왔다고 고백한다. 한 개인의 눈부신 비행을 기록한 시집 『황금빛 내 인생』은 성공에 대한 길잡이며 내일이 보이지 않는 사람들에게 "용기와 격려"를 주는 "희망의 지침서"이다.

차례

시인의 말 … 05
추천글 … 06

제1부

빌리브 … 17
송년을 앞두고 … 18
사랑의 열매 … 20
자부심의 역사 … 21
독수리의 비전 … 22
황금빛 내 인생 … 24
나의 선택은 옳았다 … 26
노익장의 힘 … 28
한길 … 30
직접 특수 다이렉트 마케팅 … 31
시각을 바꾸다 … 32
우주의 법칙 … 34
부자가 되는 법 … 35
예찬론 … 36
연구 1 … 38
위상 … 40
회자정리 … 42
피라미드 … 44
챌린지 … 46
잊을 수 없는 선배 … 48

제2부

네트워크 뉴스 … 51
원데이 세미나 … 52
포트폴리오 … 54
슈퍼바이저 … 55
국내 1000만 회원 … 56
큰소리 뻥뻥 … 57
스토리텔링 … 58
농심 … 59
동반성장 … 60
액티브 시니어 1 … 62
액티브 시니어 2 … 64
사필귀정 오마주 … 65
꿈의 태양 … 66
코끼리 알고리즘 … 67
역지사지 어젠다 … 68
노생지몽 … 69
예지몽 아바타 … 70
개구리 … 71
다이렉트 마케팅 … 72
세미나 … 73

제3부

달팽이 솔루션 … 77
세종대왕 언박싱 … 78
부동산 아파트 … 79
수평선의 슬픔 … 80
연어의 회귀 … 82
회원직접판매 … 84
내 영혼의 몸부림 … 86
나를 해부하다 … 88
꼬끼오 닭이 울고 … 90
트라우마 … 91
강물처럼 … 92
사직공원 단군성전에서 … 93
거미 같은 인생 … 94
인사동 산책길 … 96
불효자는 웁니다 … 98
건강검진 … 100
벽을 넘다 … 102
할머니 생각 … 104
투병일지 … 106
아름다운 상상 … 108

제4부

바보 알바트로스 ··· 113
불법 다단계 주의보 ··· 114
내 나이가 어때서 ··· 116
해주고 싶은 말 ··· 118
하느님 부처님 ··· 120
돈나무 반가사유상 ··· 122
네트워크 마케팅 ··· 124
개천에서 용 났다 ··· 126
함정 ··· 128
100세 시대 진화론 ··· 130
파트너 이름으로 ··· 132
강남역에서 ··· 134
유사수신 행위 ··· 136
미나리 꽃이 피었다 ··· 138
희망이 불타올라 ··· 140
뿌리가 깊은 나무들 ··· 142
엘도라도 백마강 나루터 규암 ··· 144
25시 ··· 146
몽상가 ··· 148
달팽이의 성찰 ··· 150
승자와 패자 ··· 151

제1부

빌리브

실패는 경험이었을 뿐
강한 것도 빠른 것도 아니었다
의심과 두려움은 적
안 된다고 하면 안 된다
믿으면 된다는 신념은
백만장자를 만들어준다
좋은 일이 생길 것이라는
믿음이 주는
생명에너지 빌리브 덕분이다
어떤 상황에서도
잠재 가능성 믿음이 있으면
신기한 기회가 오고
길이 열린다
낭떠러지라도
간절함이 무기
기적이 일어난다

송년을 앞두고

큰 소리 친 한해가 또 저문다
능력이 있는데 기회가 없다는
게으른 사람들의 변명
모든 일 간결한 대답은
바로 행동하는 양심이다

시작도 하지 않으면
아무것도 할 수 없다
백문이 불여일견
백견이 불여일행
똑같이 출발한 한해
어떤 이는 목표를 세우지만
어떤 이는 목표로 끝내고 만다

네트워크로 맺어진 인연들
말보다 행동에 더 주의를 기울인다
관계와 관계 하나씩 챙겨서
차근차근 면면을 살피면
작은 행동 하나로
새로운 인생이 열린다

행동은 성공의 출발점
또 한 해가 새로운 올해는
지금부터 꼭 시작하라
내년 이맘 때쯤
그대를 성공으로 이끌 것이다

효모 한 줌이
밀가루를 빵으로 만든다

사랑의 열매

가슴이 확 트이면서
마냥 행복해지는 선물은 자선이다
베풀지 않는 재물이 많은 부자보다
남에게 베푸는 마음이 진정한 부자
성공이 행복의 열쇠가 아니라
행복이 성공의 열쇠다

진정한 행복이란
주변인을 행복하게 해주고
함께 행복해지는 것
어떻게 베풀까를 연구하고
찾아내는 사람이다

시간과 재능 바자회
행복과 성공을 나누는
선행은 말보다 행동이다

한순간의 보여주기식
연출이 아니라 진정한 실천은
정신을 나누는 사랑이다
상상만해도 면역력이 올라간다

자부심의 역사

이타심은 지금도 통한다
네트워크는 해마다 이맘때
타인을 얼마나 사랑했는가를 놓고
심판을 받는다
이기적인 행동으로 울리지는 않았는지
너도 사장님 나도 사장님
독립적이지만 서로를 돕는
상호 의존의 원리
얼마나 많이 사랑과 정성을 베풀었느냐에
희비가 엇갈린다
타인에게 나누어준 행복은
배로 돌아와
마음에 평안을 주고
세상에 알려져 고객은 더 많이 모여든다
미래의 승리는 내 능력이 아닌
타인의 협력이 만들어 준다
따뜻한 마음의 네트워크
서로를 보듬어 공통의 가치를 추구한다
내 방식대로 한줄 마케팅
나의 삶은 내 조직 나의 줄로
스스로 내일을 만들어 간다

독수리의 비전

미국의 상징 독수리는 국조다
하늘을 유유자적 날고
멀리 넓게 본다

전체를 조망하고
장기적 시각을 가지고
미래를 설계하는
성공의 비결이 비전이다
남들은 보지 못하는 것을
먼저 보는 것
미래를 열망과 믿음으로
바꿔 주는 것이다

그것이 승리의 원천이다
남들보다 한 발 앞선 통찰력으로
당장 손해를 감수하며 내다보는 능력이다
큰 사람은 큰 꿈을
보통 사람은 평범한 꿈을 꾼다

나를 변화시키고 싶다면
꿈의 크기를 키워라

큰 꿈을 가진 사람은
큰 문제와 싸워서 이긴다
간절하게 소망하고
진정으로 믿으면 열정이 생기고
실천하면 반드시 이루어진다

황금빛 내 인생

스폰서 초대로
나도 사장이 되었다
세상 단것과 쓴 것
내 안에 품고 초심으로 뛰었다
천둥 번개 무서리 땡볕
두려워 않고

무럭무럭 자라 준 결실
그냥 얻어 진 건 아니다
벌거벗은 삶에게
문어발 네트워크는 노다지 인맥이었다

엘도라도 아젠다
커미션 비전은 백만장자
고래를 보고 알았다
다단계라는 선입견
합법적인 비즈니스
삶의 질 리드보상이 풍요롭다

변해도 변치않는건 롱런사업
진짜 뉴스는 암웨이. 애터미.

뉴스킨. 유니시티. 허벌라이프.
유사나. 매나텍. 시크릿회사
소비자에게 진실로 다가가는 패러다임
제품력 재구매가 힘이다

참 좋은 회사들
아름다움과 진실이 존재하기에
파트너는 박수를 외친다

나의 선택은 옳았다

열정과 정열
잘 할 수 있는 일을 찾아
한 길에만 미쳐야 승리자가 된다
좋아서 미쳐야 진정으로 미칠 수 있다
열정이 없으면 금세 시들해지고
꿈을 이룰 수 없다

산다는 건 생명력
뜨거운 피 돌림
힘차게 사랑하는 에너지
열정의 꿈을 가진 사람
사람을 끌어들이는 자석 같다

신기하게 사람들이 먼저
알아보고 모여든다
나도 모르는 선한 바이러스가
공감을 통한 영향력이다

그러나 더 중요한 것은
인생은 선택이다
운명을 결정하는 것도 한순간

파멸도 내가 내리는 결정
수많은 방향으로 갈린다
오늘의 성공은 성공의 방향
나는 분명히 선택했다

노익장의 힘

무너지는 모습들 물끄러미 바라본다

늙어 편히 쉬려면
육체적 조건과 정신적 부담을 이기고
사회적 위치에 서 있으라

늙어 갈수록 젊은 피와 호흡하라
다양한 계층과 어울려 만드는
네트워크 비즈니스
욕심없이 인간적인 교류를 하는 것도
성공의 비결이다
자신의 가치가 상승되는
인정받은 회사의 건강식품을 선택한다

이 세계 부자 노인들 가난한 자식이 없다
나를 버틸 수 있게 한 힘은
자식보다 훨씬 나은 희망이다

반짝이는 별을 보고 싶다면
어두운 밤하늘을 쳐다보아라
코로나 시대 맨손으로 성공할 수 있도록

어둠 속에 있는 누군가에게
손을 뻗어 주리라

한길

성공의 비결은 한길로 가는 것이다
얼마나 오랜 시간 일했느냐가 아니다

목표가 뚜렷하고
변하지 않는 집중이 비결이다
나를 알고 에너지를 집중하면
볼록렌즈가 불을 일으키듯
성공이 불탄다

분별력과 집중 그 분야에서
최고인 사람 1등만이 생존하는
글로벌 네트워크
부업으로 시작해서
자신이 생기면
한 가지 일에만 집중하라

일의 승부는 양이 아닌
집중된 에너지다
마지막 마무리는 전심전력이다

직접 특수 다이렉트 마케팅

미국 다음으로 한국 시장이 크다는데
따라만 하다보니 발전이 없다

마케팅은 창의성이 원칙
나만의 스타일을 구상하고 실천한다
사소한 일까지 점검을 한다

큰일을 하려면 의문도 제기한다
어디로 튈지 모르는 엉뚱함
두려워하지 않는 성격
얽매이는 것도 싫어한다
모험은 즐겁다

기회로 가득 찬 365일을 살기로 결심하고
남보다 먼저 준비하고 즐겨 일한다
회사와 제품 선택은 신중히 하고
비전은 스스로에게 요구한다

부정적 인식은 버리고
긍정의 힘으로 날마다 승리한다
촛불 같은 신념 평생을 걸었다

시각을 바꾸다

현상을 바라보는 각도
사물의 시각은 자신의 입장이다
바보들은 남의 탓만 한다
나는 일류대학을 못 나왔기 때문에
조상과 조국을 잘못 타고났다고 한탄이다

나의 천성과 성격은 이렇고
이렇기 때문에 성공할 수 없다고 신세타령이다

우리 회사 우리 제품
선입관을 잘못 규정지어
여러 생각의 변화를 거부한다

개선이 불가능 하다는 고정관념은
자신과 조직을 파멸로 이끄는
성공과 발전의 적이다

일을 재미로 바꿨다
직업을 놀이로 생각한다

일은 노는것 보다
훨씬 재미가 없다
그러나 노는 것의 결과보다
일의 결과가 훨씬 더 나를 행복하게 한다
시각을 바꾸니 노동도 놀이가 된다

우주의 법칙

보이는 것이 우선인 세상
아니 전부인 세상
그러나 대학졸업장도 박사도 목표일 수는 없다

준비 없이 어떤 성취도 없기에
오늘만 살고 마는 삶이 아니기에
내일을 위해 멀리 보고 크게 본다

한 사람에게 한끼의 식사보다
평생 먹고 살
고기 잡는 방법을 가르친다
고기가 많은 포인트를 찾아
그물을 던질 수 있도록

누구에게나 신뢰가 가는 건실한 사업
손해 보는 미련함도 나쁘지않다
공짜를 바라지 않고
근면하고 성실하게 일하면
남들이 먼저 알아봐준다
이것이 주고 받는 법칙이다

부자가 되는 법

인간의 속성인가
모르면서 아는 척
없으면서 있는 척
거짓말을 참말인 척
겉모습 포장하기 바쁜 세상

있는 그대로 자신을 내려놓고
일에 미쳐 보면 가난은 물러선다
성실이 밑천이다
성공과 행복은 생각보다 가까이 있다

일하는 척 하지 말고
최선을 다해
최상의 세일즈 법칙대로
나를 불태우면
어둠이 물러가고 빛이 찾아온다

예찬론

세상이 병들어
높은 절망의 울타리 앞에서
한때 불안과 좌절을 느꼈다

외길 인생
혼자서 살 수 없다

일어나고 잠자고
하고 싶은 일을 한다면
행복한 삶이라고 생각했다

무엇을 채우냐 무엇을 비우냐에 따라
삶의 방식과 결과가 달라졌다
내려놓고 비워내고
가볍게 살아야 한다는 것 알기까지
누릴 수 있는 행복은 없었다

딱 한번뿐인 인생
결국 내가 택한 네트워크 사업
남을 위하고 나를 위하는

연출과 함께 만드는 이벤트는 즐겁다
보람을 만들며 어울려

즐겁게 살아간다

연구 1

속담에 거미는 작아도 줄만 잘 친다고 했다
도시에 땅거미 깔리니
그물에 걸린 먹이의 떨림
감지하고 달려오던 세상이 두렵다

진득진득한 실을 뽑아 그물을 쳐놓고
줄에 걸리면 잡아먹는
불법이 판치던 무법천지

부동산이 무너지고
금리가 오르면
네트워크 따라하기 좋을 때
위기는 기회가 되고
먼저 마음이 부자가 되면
재물은 저절로 굴러온다

실업자가 되고
부업으로 시작한 세일즈
정직하게 살아보자 마음 먹었다

욕심과 욕망을 구별하면
슬슬 잘 풀린다
하늘은 스스로 돕는 자를
돕는다 내가 사는 법
모든 일은 다 나의 탓이다

위상

거짓말 못하는 진실이
설움 가득 희망은
결맞는 인격 진동이나 파동
소유가 아닌 각자대표
같은 높이에서 빛이 되어준다

빈말이 아닌 상품으로
전해오는 구전
늘 주머니에
절대가격 절대품질
알아주고 자랑한다

휴먼 네트워크는
절대승부 확실한 동반자
작고 사소한 것들
고마운 기회의 사업
내가 없으면 세계도 없다

이제 해외 매출을
성장 시킨다
영혼을 소중히 믿음을 겸손히

섬기는 사장님들이
참 보기가 좋다

회자정리

개울가 버들강아지가 눈을 뜨니
강남 갔던 제비 돌아왔다

추억이 아련하다
노을이 너무 고와
낙조 풍경에 길을 잃었다
만나면 헤어지기 마련
별리는 언제나 아프지만
슬퍼할 시간
네트워크의 만남은 행운이었다
부업으로 시작하여 직업이 되었다
가슴에 묻어 두었던 성공 비법
평생 충성심으로 나눔에 감사한다

숨 가쁘게 달려온
일출도 느리다고 투덜대던 시간 투자
일몰이 너무 빨리 지나간다
백년 만의 가장 큰 보름달
환하게 빛으로 다가온다

고마웠던 소중한 인연들
동시대의 한 지붕 파트너
옹기종기 모여 모두가 부자가 되는
네트워크 가족들
팡팡 축제가 열린다

피라미드

고대 왕들의 무덤이었다
많은 돌을 쌓아 올려
위로 갈수록 좁아져
뾰족한 죽음의 우두머리
앞으로는 얼굴 몸은 사자
스핑크스 처럼 불가사의다

리더란 먹고 살게 해주는 일
첫째 입은 닫고 마음은 열어야 한다
썩은 냄새 진동하는
불법 다단계 금융
가상화폐 폰지 사기
쓰레기 소굴이다

염력도 주술도 장풍도
쏠 줄 모르는
한국형 새로운 보부상
공정한 보상 플랜이
세계 유통 꽃 피운다

물 흐리던 피래미
잡아주고 지켜준 성공한 자들

아팠던 만큼
네트워크 세상으로
모두가 진정한 부자가 되었다

챌린지

회원 직접판매
다이렉트쎌링
광야의 지난 여정은
치열하고 행복했다
머리와 마음으로
인식개선 캠페인에 도전
훌쩍 성장한 마케팅

시인의 외침
네트워크마케팅이 미래다
직접판매와
문학 장르인
문화 예술과 융합
아직은 역부족
함께해 준 님에게 감사한다

강물이 흘러 흘러
나도야 간다
이제 까치내에서
이러구러 쌓인 노하우
시비공원 문학관과

네트워크 박물관 건립
도전은 계속 된다

한계의 하얀세상 한목소리로
걱정해준 당신 응원에
귀 기울이며 선한 영향력
자리매김 할 수 있도록
세상끝까지 초심으로
변함없는 관심 부탁드린다
안녕은 고맙고 고맙다

잊을 수 없는 선배

혼자서는 살 수 없는
거미줄 같은 세상
"여기가 작은 세계야" 가르쳐준 선배
우여곡절 생사기로에
행복한 방황이 시작되고
땀내 나는 현장에서
위로와 격려 참 자세 보여준
리더들의 에너지는
그럴듯한 직함이나 명함이 아니었다
확실한 상품 하나로
각자가 쌓아 올린 네트워크가 핵심 가치
지속 가능한 세계적 기업으로
함께 할 동반자적 삶을 가르쳐준 선배
호랑이는 죽어서도
가죽을 남긴다

제2부

네트워크 뉴스

잘 노는 사람이 사랑도 잘한다
같이 일하기 좋은 사람들
함께 할 때 행복하다

얼음장 밑에서도 고기가 산다
눈보라 절망 속에서도 삶은 이어진다
겨울을 견딘 보리들
눈 덮인 밭고랑에서 뿌리를 내리고
파릇파릇 봄을 맞는다

사장님들 잘 생긴 멋쟁이 신사가 많나
만나는 사람들 칭찬해주기
사업도 되고 돈이 따라온다

안전하고 좋은 제품
더불어 사는 즐거움
락앤락 즐기며 일하다 보니
로열 다이아몬드

나도 모르게 부자가 되었다

원데이 세미나

매주 열리는 1박2일
사업자를 초빙해서 비전을 듣는 자리
북새통이다

가던 날이 장날
인생대학 강의는
망가진 삶 지나온 흔적으로
먹먹한 가슴 자존감을 울린다

꼬박 지새운 석세스 열리던 날
일산 킨텍스에 걸린
'꿈꾸면 이루어진다'
새로운 미래 가치가 충격이고
놀라움의 연속이다

현수막처럼 미국 일본 캐나다
대만 싱가폴 캄보디아 필리핀
말레이시아 멕시코 태국 호주
카자흐스탄 지사장이 된다
로얄리더스클럽 입성 억만장자가 된다

이제 죽을 수도 없다
드디어 나도 내 QR코드로
사회에 공헌하고 기부하는 선한 봉사자
영원한 네트워커가 된다

포트폴리오

안전한 투자가 있다
늙도록
아내를 사랑하는 것이다
나이 들수록 금슬이 좋아야 한다

열 자식보다 애처 하나가 낫다 하신 말씀
마누라 사랑 만큼 확실한 펀드는 없다
노후 대책 로또복권
사랑과 미움이 녹아 백억짜리의 가입자다

소크라테스 펀드는 실패가 없다
안정적인 울트라 금리를 보장한다
옛 버릇 욕심 부려 고배당 찾는답시고
바깥에서 헤매면 위험하다

아내에게 투자한 시간은
아름답고 달콤한 꿈
아무리 퍼내도 마르지 않는 샘이다
영원한 행복이다

슈퍼바이저

개미 군단 수천수백 명
내 라인에 매달렸다
세계 시장을 표적으로 나는 광개토대왕이 된다
지구를 향한 외침은 미래 비전
간곡함이 절호의 기회
균형 잡힌 삶이 인생 시나리오
공유 경제를 경험한다
정직하고 선량한 보통 사람들
뿌린 대로 거두는 임페리얼마스터
우리 모두가 꿈꾸는 세상이다
시스템에 울고 웃던 프로모션
비애와 절망 고난도 있었다
의욕을 샘솟게 어루만져 치유해주던 리더
진정한 부자 마스터
그냥 된 것이 아니었다
부자의 맛 근본은 나눔의 부자
베풀고 나누는 삶
오늘이 충만해진 이유이다

국내 1000만 회원

백전백패 가난한 인생을 바꾸는 길
부자가 될 권리가 있기에

자본 없이 할 수 있는 일을 찾아
나를 먼저 세상에 내어놓는다

네트워크는 잠자는 동안에도 작동
탄탄한 파이프라인 확실한 제품을
부업으로 시작하면 수입이 들어온다
글로벌 인정받는 회사는 회원 가입비도
추천 수당 유지비도 없다

사람과 사람들 인연으로 만나
사용자 이익을 우선하는 본질
정보를 공유하여 사업자 성공을
시키는 원리

지구는 넓고 네트워커는 많다
좋은 제품 기업을 고른다
세계 회원 수억 명이 나의 라인에 올 수 있도록
돈이 될 수 있는 기적을 기대한다

큰소리 뻥뻥

지인의 초대로 참석한
석세스 아카데미
꿈을 이룬 이야기 돈에 대한 명언
나도 당당히 세금을 내고 싶다
앉으나 서나
세상 부러울 것 없는 말, 말, 말
네트워크는 가감이 아니고
승수의 법칙이다
당당한 삶을 사는 사람들
돈 버는 일 평생 해야 하는 일 아니다
사랑을 위해 고백하던 용기도
수단이 아닌 목적으로 만나
배려하고 헌신하는 뜨거운 인생을 살다보니
활짝 열린 문호는 문전성시
슈퍼바이저 한 달
수천만 원 도전하겠다고
공개 선언한다
이제 아버지 용돈이 아닌
생활비 드리겠다고
호언장담이다
벌써 절반의 성공이다

스토리텔링

그물 같은 넷팅
이기고 지는 것
크기보다는 무엇이든 최선을 다해
최고가 되어라 하신 말씀
정선상락이다

공정과 상식이 통하는 보통 사람들
아무리 좋아도 아무리 급해도
법의 테두리는 지켜야 한다

이 사업은 정도가 통하는 선량한 기회
꿈꾸듯이 뜨겁게
불나비가 되어 억만장자에 도전한다

태양이 될수 없다면 별이 되어라
비워내니 보이고 알아듣는다
인생 삶 자체가 네트워크
나답게 행복하기로 한다

농심

농사를 짓기 위해
아버지 가장 먼저 하던 일
나는 안다
올해는 청양고추와 구기자를 얼마나 심을까
절기에 맞춰 땅을 고르고 씨를 뿌리는 아버지
거둘 때를 기다리며
자연의 법칙을 확신한다
물고기는 노는 듯 헤엄치고
나무는 멍하니 서 있어도
그게 다 사는 방법이다

믿음은 밑천이다
네트워커는 인생역전을 돕는다
시스템 성취는 쉬워도
저절로 부자가 된 것은 아니다
아차 실수가 대가를 치른다
절대 품질 절대가격은 반드시
고객이 모이고 세계에서도 통한다
메이커 회사를 도구로 사용하라

당신의 꿈은 이루기 위해

동반성장

내일이 보인다
저절로 성공자가 되는 것은 아니다

공정한 원칙
나눔과 실천이 되풀이된다
인생역전에 성공한 자들
소중한 꿈을 이루어주는
확신과 믿음이 있다

생생한 꿈을 현실로 만들기 위해
부단한 대가를 치른다
다단계로 이루어지는 꿈
목표 설정을 하는 순간, 절반은 성공이다
선한 부자들의 비법은
시간과 노력을 투자하는 것

나의 땅을 그리고 날마다 새롭게 하루를 그린다
눈부시고 찬란한 하늘의 별이 그려지는 지도
끝인줄 알았는데
또 다른 길이 열린다

공감이 넘치고 기쁨이 치솟는다
비워내니 더 좋은 게 채워진다
속으로 울던 피에로
비결은 믿음을 전하는 입이었다

액티브 시니어 1

일백년
아등바등 살다보니
걷다가 모자라는
세월이 고요하다
안개꽃 소쩍새 울적에
이번 생은 부족하다고
봄비에 나도 젖는구나
액티브 실버 큰소리치는
'일장춘몽'
있을 때 잘해 장모님 말씀
자성의 목소리
가슴 아프다내 눈 내 귀도
귀를 막고 눈을 가리니
이상하다
안경점 안경은
주근깨와 주름만 보여
글씨와 책은
돋보기를 다시 찾는다
운동은 피톤치트
짜릿한 앤돌핀
커진귀 귀울음이

작은 소리는 안들리고
큰 소리만 들으라고 한다
이래저래 살아봐도
생은 저무는데
걷는 다리와 무릎이
멀리 가지말라고 한다
깜박깜박 하는 신호가
두뇌까지 고장날까봐
좋은 일만 기억한다

파뿌리 된 날늘
바로 지금 여기
조물주의 배려
순간 순간이
신의 뜻 축복이다

영혼이 불타기 전에
평안에 이르는 길
별이 빛나는
신의 뜻이

액티브 시니어 2

별이 빛나는 마음은 젊어
얼굴로 늙는다
인생에서 아름답고 행복한 순간
건강한 정신과 봉사와 능력
이 긍정의 힘이 세상을 밝힌다
힘겨웠던 지난날들
과감히 떨쳐 샘솟는 마음은
당당한 봄날이다
아름다운 노을을 닮고 싶은 알바트로스

늦깎이 바람은 이모작으로 즐겁다
흔들리지 않는 그것은 나의 시
위로해 줄 기쁨이다
더 이상 외롭지 않다

풍경을 만들며 오늘도 동행한다

사필귀정 오마주

동트기 전 포효 소리 들린다
검은 호랑이는 새해를 향해 달려오고
사람들은 소원을 들고 무리지어 기다린다
넘치는 욕심이 무겁다

임금님 귀는 당나귀 귀
손바닥으로 하늘을 가릴 순 없듯이
세상이 아무리 혼탁해도
깨끗한 보석은 빛이 난다

지는 게 이기는 것
사람 사는 법 뒤늦게 깨닫는다

모든 일은 다 내 탓이라고
마음을 비우니 행복하고
낮추니 아름답다
하늘이 내린 영원을 사는 길을 택하니

행운과 평안 좋은 일들이
구름처럼 몰려온다

꿈의 태양

생이란
꿈과 현실의 경계를 오가는 것
꿈을 위해 달리다가
현실에 막혀 주저앉고
모르는 것도 아는 체
잘난 척 해도 아무것도 아닌
인생은 '낫씽'
어머니의 사랑과 인내
덕과 은혜는 '무장무애'
계산할 수 없는 값이다
평생 짊어지고 가야 할 나의 십자가
무엇을 담고 무엇을 버려야 할까
바라보는 우주 은하의 중심에
받아들여야 하는 또 다른 숨결
태양보다 더 큰것이 있다는 것을 알았다
꿈이 아닌 사실이다

코끼리 알고리즘

꿈과 희망의 유통은
열정의 허브
써 봐, 먹어 봐, 와 봐
긍정적 사고와 신념은 성공의 지름길이다
마케팅은 신뢰의 알고리즘
만남은 소비자와 이어지고
컨슈머에겐 기쁨으로 보답한다
상대를 배려하고 헌신하면
흙수저를 금수저로 만든다
건강하게 보낸 하루하루
신발 끈을 졸라매고
무자본 무점포 대박 신화를 꿈꾼다
살며 사랑하며 공헌하는 삶
진정한 부자는 코끼리 네트워크

위대한 밥통은 왕발이다

역지사지 어젠다

오늘의 주제를 놓고 둘러앉는다
머리를 맞대고 의견을 내놓아도 답이 없다

하늘 섬기며 조상을 공경하고
이웃을 내 몸처럼
배운 도덕은 땅에서 뒹굴고
탐욕이란 돈벌레는 염치가 없고
벼락 맞을 소리는 뉴스에서 들려온다

슬플 때 위로하고
기쁠 때 웃어주는 배달의 민족
진리와 진실, 세상 사는 이치도 사라지고
냉소와 불신
참 쓸쓸하고 애가 탄다

행복 수치는 내려가고
살아가는 이유가 줄어든다

하늘길 표방하는 이상은 평등과 사랑인데
세상은 어느 한쪽으로 기울고 있다

노생지몽

친숙한 외모
고급 차를 타고 다니는 유명인
포장이 잘된 사이비였다
권유하던 선물 투자
가상화폐는 일확천금이 쏟아진다

어느 날 주식이 어떻고
불가항력 사건이었다는 변명에
밀알이 되어준 그 돈마저 포기했다

10년 전 용서한 일
못을 박은 가시 뽑지 못하고 옹이가 되었다
혼자 세상 나와
혼자 울던 인생과 영화
덧없음에 피눈물은 아팠다

욕심이란 새옹지마
지금쯤 어디서 늙어갈까
하느님 성전에서 기도만 드린다

예지몽 아바타

그때나 지금이나
호시탐탐 밥그릇 싸움에
나라가 시끄럽다

올바른 역사의식에서 나라 사랑 배운다

한산섬 달 밝은 밤
거북선이 둥둥 북을 친다
지혜와 용맹이 뛰어난 장군은
신념으로 바다를 지키고 나라를 지켰다

포효하던 젊은 피
금강에서 한강까지
세계속의 동방 어게인 코리아
새 시대 새날은 솟아오른다

동서남북으로 아바타는
온누리 찬란하게 비춘다

개구리

맨주먹 흙수저로
태어난 올챙이

논바닥에서 고물거리다가
긴 꼬리가 짧아지고
두 다리 길어지면
천적을 피해 살아남는 법
뜀박질부터 배웠다

올챙이 시절 다 잊어버리고
들판이 제 것인 양 날뛰던 개구리

꽃뱀에게 홀려 다가갔다가
그만 먹히고 말았다

다이렉트 마케팅

광고 중간 단계 없애고
유통의 단계는 슬림하게
미니멀 시대
소비자에서 판매자로 이어진 그물
합법적 욕구는 소득을 높인다

마케팅의 꽃은 배분
수익의 일부를 돌려주며
서로 상생하는 길
승수의 법칙이 적용된다

원리와 원칙에 의한 경영
땀이 소금이 되고 행복은 보장된다

가슴이 뜨거운 사람들
저 푸른 바다와
저 산이 키워 주었다

캐치 프레이즈는
주변 사람 사랑하는 캠페인
성공을 위한 위대한 마케팅이다

세미나

초롱초롱 푸르던 영혼들
점점 힘이 빠지고
삶이 아파할 때 2, 3호선 만나는
교대역 세션에 간다

낯선 사람끼리 마주쳐도 정답고
총총걸음 눈을 맞춰
에너지를 심어준다

성공한 기업
성공의 비결은 바로 이거다
좋은 제품을 직접 사용 이웃에 소비자를 만들고
확신에 찬 판매자가 된다

다른 사람에게 입소문으로 건너간 정보
그물망처럼 엮어 새끼를 치는
고소득은 전체가 공유한다

이것이 진정 꿈의 사업
성공 못할 네트워크는 없다

제3부

달팽이 솔루션

아침햇살 떠오르면
등짐이 무거워 고개를 묻고
괜스레 서럽던 세상을 살았다

발달장애 굼벵이라도 뒹구는 재주로
궁지에서 벗어나듯
가파른 벽도 느릿느릿 타고 넘는다
땡볕에 촉수가 마르고
물 한 모금 풀 한 포기 없어도
희망을 놓지 않는 달팽이
저 높은 곳
마침내 기어이 올라
푸른 세상을 만난다

소박한 꿈을 이루는 것은
나름의 생존전략
기꺼이 바닥을 기어간다

세종대왕 언박싱

도리에 밝은 생각이
반대에 부딪쳐 한계에 닿아도
묵묵히 몰두하던 리더쉽

창조적 임금님 카리스마 빛난다
32년 집권한 파괴적 혁신
남의 말도 쓸 말이 있다고
내치지 않고 귀를 열어 듣는다

공통분모를 찾아
너도 인정 나도 인정
포용을 보여준다
폭이 넓은 진심이 공자의 중용을 닮았다

시대정신은 나라를 바로 세우고
태평성대는 하늘의 뜻
어렵고 힘든 혼란의 시기
한민족을 위해 자유와 평등
성장과 분배로 백성의 시대를 열었던
세종대왕 면모를
다시 한번 보고 싶다

부동산 아파트

규제와 단속법 강화에 집값이 폭등했다
자고 나면
10억이 20억, 누구은 대박이고 누구는 절망이다

빚내서 집을 산 투기꾼들로 졸부는 늘었다
새벽종은 깨지고
집없는 서민들은 못 살겠다 아우성
아등바등 착하게 살아온 삶은 자꾸 앓는다

세금폭탄 무서워 팔고 나니 또 배가 뛰었다
아차 하는 한순간
벼락거지도 벼락부자도 태어난다

속상한 마음만 고통의 바다로 흐른다
일생 사는 일이 불장난만 같다
이 거센 불길은 언제 꺼지려나

범사에 감사하라는 말씀을 되새기며
고개 숙여 옷깃을 여민다

수평선의 슬픔

울 엄니 부르던 바다
무상한 파도만 출렁인다
긴 한숨뿐 그렁그렁 차오르던 어느 봄
한치의 내일을 모른 채
둥둥 떠다니는 슬픔
나는 삶의 허망한 의미를 곱씹는다

썩어빠진 배를 사들여
돈을 벌다가 죽음을 부른
나라의 침몰을 보았다
참혹한 분노가 바다를 뒤덮어도
아이들은 돌아오지 못했다

노란 리본을 달고
촛불을 밝히고
방방곡곡 한 목소리로 차오르던 외침
이게 나라냐 땅을 치던
피멍 든 울음만 물살에 떠다녔다

무심한 봄은 해마다 왔다 가고
우리의 마음도 울음도 시들해지고
바다는 언제 그랬느냐고 시치미를 떼고 있다

연어의 회귀

바다로 나가 몸을 키운 연어들
강물의 젖줄이 몸에 입력되고
내 놀던 곳 먹던 물 그리워
굽이굽이 모천을 찾아온다

비워내고 발아하는 일생
회귀는 육필로 쓰는 세상 누대의 문장이다
피 묻은 사타구니
산란과 수정은 본능이다

만신창이로 다시 일어서는
물속에 세운 종족
오직 번식이 목적이라
목숨을 걸고 거친 물살을 거슬러 오른다

긴 여행 중에 만나는
늑대와 곰과 사람까지 천적이다

낮춰야 보이는 눈높이
꿈과 희망이 함께하는 공간은 물속이다

죽음만이 생을 완성할 수 있다

회원직접판매

열리는 한 발
내딛는 용기가
아프리카에 온 듯 눈앞이 막막하다
눈을 감으면 보인다
내가 너를 알아준 믿음

연약하던 1%의 스파크 99% 어깨
불꽃이 일어난다
잠 못 이룬 희망 넘어질 때마다
아침을 보고 날아오른다
필요한 물량을 재구매하려니
완판이라 사재기도 없다

나를 키워준 당신의 시간
흔들리던 영혼
젖은 옷을 입고도 웃음은 젖지 않는다

계절이 바뀌고
매일매일 즐거운 직접판매

길이 되어준
네트워크 그대가 고맙다
수시로 들락거리던 절망도 꽃이 되었다

내 영혼의 몸부림

운명적인 만남
인연이라는 고리
얼마나 질기고 힘센 줄인지 필연을 배운다
제대로 자신을 세우지 못하고
풀어야 할 자업자득
'수신제가 치국평천하'

핏대 세워 열 올리고 얻은 것은 무엇인가
어리석은 에너지 내려놓으면
겹겹이 피어나는 근심은
물기가 말라 오그라든다

삶의 무상함
원하는 삶 돈이 전부가 아니었다
영혼을 위한 성찰의 시간
비우고 결단하며 통증마저 잊는다

아름다운 삶은 나누고 베풀며
감사하는 하나님 말씀

천국은 너의 마음에 있느니라
마음의 천국을 발견하니 세상은 즐겁다

나를 해부하다

세상 물정 모르고
내 안에 갇혀 탓만 하던 지난 시간
당하는 사람이 잘못이라는
현실이 억울해서
불꽃처럼 폭발하던 성질머리
덕이 부족한 가슴
움켜쥔 죄책감은 원망뿐

관상쟁이는 내 얼굴에서 무엇을 보았을까
가면과 가식
이해가 힘든 어리석은 자의 모든 것
원인이 있는 결과는 참았어야 했다

내 안의 너에게 미안하다
벽이 두꺼워 너를 울게 했으니
하루하루가 아물지 못한 통증이었고
아픔은 행복이 되지 못했다

그래도 쓸만했던
부족한 방랑자의 미래는
내 몫이 아닌 바람 탓이라고 변명을 해본다

기분도 전염성인가

생명이 넘친 오늘에 감사한다

꼬끼오 닭이 울고

돼지가 알을 낳았다는 세상
개소리로 멍멍 짖어댄다
말이 안 되는 줄 알면서
악을 쓰고 시끄러워 그냥 둔다
목소리가 커야 이긴다

진실을 억지로
굴복시켰다는 우월감
짐승과의 싸움이 그렇다

우물안 개구리 유유상종
술 한잔에 신세 한탄
아스팔트 갈라지고
아파트가 벌떡 일어난다

정의는 어디로 갔는지
펜은 녹슬고 기레기들은 제왕처럼 설쳐댄다

용서할 줄 모르는 청개구리
피울음은 죽을만큼 아프다

트라우마

집주인 눈치 보이던 70년대
셋방살이 전전하다
결혼 7년만에 이리 뛰고 저리 뛰어
대출과 가계 빚으로
13동 101호 광명아파트 하나 장만했다
대출 갚느라 아내는 길거리표 골라 입고 알뜰히 살았다

어느 날 초등학교 1학년 큰애가 펑펑 울고 왔다
촌지가 적다고
그렇게 아이를 홀대했을까
선생이 아이에게 휘두른 폭언과 폭력
그 트라우마 지금도 남아있다

어린 마음 얼마나 아팠으면
낙서장에 악마라고 썼을까

아무것도 모르고 애먼 애한테 화를 냈다
허울뿐인 선생이란 그 이름 안선생
그 시절은 가난도 죄였다

강물처럼

세상은 아수라판 전쟁터
올곧게 살자고 맹세한 마음도
지키지 못하고
서로 강물처럼 한데 섞여 흘러간다
자신의 이익을 찾아서

나잇살처럼
찐빵처럼 푸짐한 거짓과 위선도 점점 늘어난다
이미지는 화장과 치장으로 가리지만
가려지지 않는 진실도 있다

시인의 눈으로 바라본 세상
아름답지 않다
세상은 살기 편해졌지만
마음을 닦을 시간 조차 없다
윗물이 흐리니 아랫물도 흐리다

사직공원 단군성전에서

홍익인간 반만년 뿌리 깊은 천지인
널리 인간 세계를 이롭게 하는
선열들 피 끓는 조국애가 절절하다

공정과 정의를 외치는
광화문 광장 촛불든 민심은 천심이다
백성은 바다 권력은 배
물이 화가 나면 배를 뒤집는다

나의 기도가 바뀌었다
하나님 이 나라가 누구의 것입니까

인생이란 사필귀정
수레바퀴 역사는 끊임없이 흐른다

느닷없이 우르르 꽝꽝
천둥 번개 번쩍번쩍
하늘이 노했다

나약한 인간들
죄 지은 가슴 두려워 벌벌 떤다

거미 같은 인생

숨바꼭질 달인 거미는
최대한 네트워크 줄을 쳐 놓고
가짜뉴스 독침 한방에 정신나간 누룩뱀
거미줄이 꽁무니에서 은실을 뽑아
눈가 주위 도르르 말아 묶는다

광랜은 촉수엄금
인간은 시간을 두려워하고
시간은 피라미드를 무서워 한다
만고의 세월 장엄한 피라미드
거미줄은 불법이고 반칙이다

거미는 몹쓸 전략의 귀재
남을 이용하여 다단계 수법이
자기 몸의 1천배 사냥으로
미납 세금도 급여도 보험료도 해결
주민번호 톡톡 외면하던 은행창구
옥죄던 절벽이 지구를 흔든다

거미의 질량보다 가벼워진 지구
돌려 막기 신용등급이

거미줄에 달라붙는다

아름다운 마케팅은
창업이념이 생존이다
자신을 위해서가 아니라
가족과 이웃을 죽기 살기로
성공시키는 기업을 찾는다
정도 경영은

선량한 것이 최고의 전략이다

인사동 산책길

서울에 이런곳이 있다니
시간만 있으면 찾아간다
고서점 고미술 화랑 골동품
아버지의 아버지가 그랬던 것처럼
인생 대학교 대학원은 인사동이다
천년을 훌쩍 넘은 문화와 역사
시대를 넘보는 재미 신명이 난다

오늘은 민예사에서 토기 백자 분청
주병 반닫이 떡살 다식판 찻잔도 세일이다
겸제 정선과 남농 허건 작품을 구경하고
조상님의 흔적을 읽는다
민속박물관 구석구석
선한 민초들이 거닐던 거리를 산책하며
이도령을 만나고 새 사또가 되어 즐긴다

백우 서예가의 일필휘지에
연적도 옛벼루도 구했다
현존하는 옛길을 현대가 만나
의연하고 고풍스러운 분위기를 풍긴다

검은 돌담 하나하나 이끼 서린 사연들
문앞을 나오며 어사 박문수
암행어사 출두요 큰소리로 외쳐본다
포졸들이 몰려온다

불효자는 웁니다

뼈대 있는 가문
버릇없는 철부지
오냐오냐 했더니 할아버지 수염을 뽑는다더니,

내가 어른이 되었을 때
사랑이 어떤 것인지 깨달았다
중학시절 매일 싸움질에 아버지는 속을 끓이셨다
전생에 무슨 죄를 지어서 이런 자식을 두었을까
어머니 먼저 떠나시고
괜스레 서러워 문제아가 되었다

어깨에 문신을 하고 가방 안에는
흉기로 쓸 자전거 체인을 넣고 다녔다
잃어버린 것에 대하여 반항만 하던 철부지
훈육 선생님께 죽을 만큼 맞고도
핏발 선 눈은 내 잘못을 몰랐다

눈물로 지새우는 어른들
식사도 제대로 못하던 할머니 땅을 치고 통곡하셨다
집안은 그야말로 쑥대밭이 되었다
들이켜던 막걸리 술잔을 바라보시는

아버지는 소리 없이 울고 계셨다

고모님들이 내 편이 되어
얘기를 들어주고 달래고
품어주던 가득한 사랑으로
나는 새 사람이 되었다

사랑은 매가 되어 나를 일으켰다

건강검진

힘들 때 하늘을 보던 눈
눈길을 걷듯 발이 빠지고 이상하다
파리가 날고 삐뚤빼뚤 구부러지고
몸이 천 냥이면 눈은 구백 냥이라는데
소 잃고 외양간을 들여다본다

한번 손상되면 회복이 어렵다며
내 아픔에 참견하는 의사
이것저것 검사를 한다
건강할 때 건강을 지켜야지
기름칠 한번도 안하고
기계처럼 막살아 왔으니 고장이 날만도 하다
이제 와 닦고 조이고 기름칠을 한들
무슨 소용일까

녹물인지 누런 눈물
너무 낡았다니 부품도 마땅치 않고
종합 검진에 나타난 이상 증상
몸이 통증으로 이야기 한다

너무 혹사했어요

면역력도 문제지만
고혈압 당뇨도 경고합니다
쉬어야 합니다
더 이상 진행을 막아준다는
주사를 놓고 날을 잡아
수술도 해야 합니다

안경도 바꾸고 약 처방을 바꿔준다
그땐 먹고 살기 위해
가족을 위해 남을 위해
내 몸을 방치했다
세상 어떤 것도 건강을 잃으면
의미가 없는 것을

다래끼는 염증성 질환입니다
황반변성과 녹내장이 진행형입니다
스트레스를 줄이세요

약을 한 보따리 준다
괜찮아 인명은 재천이다
위로하면서 병원을 나온다

벽을 넘다

지구촌을 누비던 세일즈맨
중절모자에 콧수염
옹골찬 눈빛 반짝반짝 빛나는
찰슨 브론슨 같은 사내
찬란한 무지개 꿈은 한 순간 사라지고
퉁퉁 부은 눈으로
봉고차 노숙을 하더니
어느 날
까맣게 잊고 살던 광고비 외상값
4백만 원 꼬깃꼬깃 챙겨왔다

눈물겹던 그날
이맘때면 생각나는 그 사내
와신상담 첨단 면역치료제로 발톱을 갈았다

1조원을 달성하던 날
어머니 해냈습니다
장하다 내 아들
함께 기뻐 울었다

방문판매 직접판매 인정하는 1인자
회원이 1천만 명
한국직접판매산업협회 왕이다

아픔도 꽃이다
넘을 수 없는 벽이라고 포기할 때도
담쟁이는 기어이 그 벽을 오르듯이
희망의 씨앗 담쟁이를 심었다

그 사내
결국 온몸으로 그 벽을 넘었다

할머니 생각

언제 보아도 착한 눈
편안하고 유순한 할머니

자신보다는
끔찍하던 손자가 오로지 먼저였다
은혜는 하늘과 같고
덕은 땅과 같으시다
진외가 남양 지매울 마을은
청양 구봉광산 앞동네 안씨네 집성촌
할머니 손잡고 친가에 간다

반기는 암소 누렁이
친정집 일가에 맡겨서
다섯 식구를 먹여 살린 살림밑천
송아지는 나의 등록금으로
우골탑이 되었다

할아버지 동네는 읍내동 벽천리 청양대학
칠갑산과 청태산 구봉산이
밤마다 초롱초롱 별숲을 품어낸다
천장호엔 원앙도 쇠오리도 산다

누구나 100살을 산다는 장수마을이다

고추에 떡갈비 푸짐한 로칼푸드
맛집이 즐비하다
저기 우리 할머니가 보이고
누렁이가 보인다
그 시절이 그곳에 살고 있다

투병일지

보행기에 피주머니 주렁주렁
회복실 복도를 돌다가
퇴원 후
이방 저방 잡동사니
울다 웃다 들여다보는 사람
보석함 스티커로 하나하나 1234 꾹꾹 눌러 쓴
주고받은 패물
금반지는 동생 등록금에 잡혀 먹고

1, 롯데1번가 다이아 맞춤 반지
2, 일본에서 구입한 진품 다이아 진주반지
그때 100만 원 준 것 며느리 주거라
십자가 금목걸이도 정리해야 하나
그가 버럭 화를 낸다
죽는다는 말은 하지 말자
어떻게든 살아야해
소갈머리 없는 나도 함께 운다
평생을 함께 한 목줄
이것 없이 어떻게
요단강 건너 갈수 있을까

이것저것 챙겨주며
입맛 있을 때 당신 많이 먹어요
좋아하는 참치 삼치도 입이 짧다
까치는 울어대고 목에 가시가
꺼이꺼이 걸린다

한고비 넘긴 평안은 조마조마한 문지방
의지가 사라진 생
사랑은 도대체 어디까지가 필사적인가
아침마다 샤워기로 뿌려서 씻긴다

그렇게 예쁘던 모습은 그때 그대로
늙어도 여잔 여자
아픔과 슬픔 더 이상은 말하지 말자

아름다운 상상

두둥실 꿈이 영그는
나만의 빌딩 한 채 짓고 싶다
기초부터 설계까지
대들보 올리고 지붕에 용마루 얹어
넉넉한 햇살 바람과 구름 불러모아
홈파티 가끔 열고
백마강 나루터에서 황포돛대를 타고
사는 멋 사는 맛 즐기고 싶다

토종기업 오직 한 길
몽상가 탄생했다
수출 5천만불 달성
18년 매출 1조원
세계 11개국에 진출
글로벌 기업이다

좋은 제품 착한 가격이 경영철학이다
착한 사람이 성공하는 정선상락
서로 힘을 합한 원리원칙은 리더쉽의 덕목
다단계에도 철학이 있다

사업자의 아름다운 마케팅
백조의 도전은 계속된다

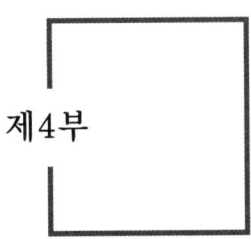

제4부

바보 알바트로스

꿈에 바보새가 왔다
날개가 길어 뒤뚱뒤뚱
뭐 할말이라도 있는지 나를 보던 너의 눈
사랑하면 평생 부부로 산다는 네가 부러웠다

의지하던 바람따라 바다를 날고
절벽에서 절벽으로 뛰어 내리고
허공을 믿던 생존의 외로움
그 언약 지키려 얼마나 힘들었을까

모두가 숨죽이던 그때
바람에 불려가던 너
비상을 꿈꾸며 마지막은 웃으며 하늘을 난다지

내 인생도 너를 닮아 바보가 되었다

내 날개 너무 커 무겁고 버겁던 젊은날
난 절벽에서 세파 거칠수록 날개를 퍼득여
바람을 일으키며
힘겨운 날개짓으로 오늘 여기까지 왔다

불법 다단계 주의보

강남 한복판 양재천
하얀 백로 우아하다
학다리 물목에 발 담그고 미동도 없다

졸린 눈을 치켜뜨며
지그시 먼 구름 먼 하늘을 보는 듯
의젓한 포즈
물고기 다가오면 꿀꺽 삼켜버린다

이것저것 잡식성인
포식자는 반칙을 즐긴다
물속의 하늘은 두고
진짜 하늘만 보러 고개를 세운다
전술을 배워 도전은 계속 된다

산처럼 보이는 사무실
겉은 더 화려하다
허세도 먹히는 명함
유사수신 여신개발 투자코인
암호화폐 시공을 초월한 신사인 척 하는 포식자
너 죽고 나 살자

빨대로 약자의 골수까지 쭉쭉 빨아먹는다

세상에 공짜는 없다
살고자 하면 죽을 것이요
죽고자 하면 반드시 살 것이다
이순신 장군의 말씀이 생각난다

내 나이가 어때서

실버 시니어 60, 70살의 청춘들
나이를 먹었다고 늙은 것이 아니다
주름살 굵게 팬 훈장
열정은 불꽃으로 흔적을 남긴다

25시간처럼 바쁘게 사는 사람들
채워지지 않는 갈증으로 더 열심이다
삶이 한 점 부끄럼 없기를

언택트 집콕 시대
사업설명회 비대면 세미나
기회를 찾는 당신
핸폰이나 노트북 컴이면 오케이
멀어서 부담스러워 못 온 사람
시간 내기 아까운 사람
시간이 없는 사람
어떠한 경우라도
세미나는 엄청난 기회
거짓인지 아닌지
변화의 시대에 대안을 들어보면
삶을 바꿔놓을 진짜 기회가 온다

미래의 투자인지
신용등급이나 커미션 수당은 최대가 맞는지
가족 사업 팀웍 사업 가능할까
평생 친구를 만날 수 있는지
내 귀가 얇은지
다시 한번 그리고 결정한다

후회 없는 브라보라고 갈채를 보내기 위해

해주고 싶은 말

빵 대신에 시를 먹어본다
이제 친해지자
경험이 시의 밥이다

어려움은 피하지 말고
죽는 법도 미리 배워두자
나를 보호해 줄
내 방식대로의 생에 익숙해지자

무엇을 손에 쥐고 있느냐 보다
누구와 함께 하느냐가 중요하다
무너지는 것도 한순간

노숙자도 구사일생도
자신을 용서해야 한다는 것도 배웠다
소문은 이심전심의 안테나
끝내 정직한 사람이 이긴다

청춘이란 마음가짐으로 믿음이 돌아오고
진실이란 선물을 받는다
그대 미소를 다른 사람들이 느낀다

교육 세미나장 거짓말 같은 진짜 이야기
새로운 인생도 배워본다

빵 대신에 시를 먹어본다
사람도 동물도 짐승도 이제 친해지자

하느님 부처님

인심 탓에 변해버린 세상
누구를 원망할까
석양의 놀빛 눈망울이 시리다
돌아보는 젊은 날
한 귀로 듣고 한 귀로 흘려 보낸
말은 얼마나 많았던가
뿌리의 근본을 무시한
후레자식으로 세상 모르고 살아온
지금의 네 모습이 전생이라면
오늘의 네 생각은 다음 생이다
산다는 건 고통의 연속
인연의 고리조차 세속에서 팔랑인다

산은 산이요 물은 물이로다
색즉시공 공즉시색이라
색이 곧 공이요 공이 곧 색이다
실체가 없다 영원한 꿈과
무궁한 세계 번뇌의 깨달음
해탈을 얻은 자유로 천국이 저희 것이다
쾌락은 사람을 망치고 고통은 사람을 만든다

SRT수서역 3번 출구 셔틀버스
S대학병원 버스에 오른다
부부의 인연이란 전생에 맺힌
원한을 풀어야 하는 원수끼리
베토벤의 운명처럼 만났다
원수가 네 집안에 있느니라
평생을 밤낮으로 그 원수를 사랑했으니
사랑으로 감싸 안고 빠른 회복을 기도한다

인간으로 나와 생을 누리고
병들게 하고 참회하는 눈물의 형벌
오 하느님 영혼의 구원을 빕니다
진실로 사랑했습니다
변함없는 무지개 약속은

내 삶의 존재 이유입니다

돈나무 반가사유상

붉은 해 하얀 소
이 시대 귀가 안 들리는 것은 성스러운 병이다
말의 탑을 세우는 알리바바 도적들은
입이 여러 개다

지구 밑바닥에 납작 엎드린
양심이란 어디로 와서 어디로 가는가
심정이 저무는 하루 황금 소가 운다

생각에 잠긴 미륵보살
세상에 나보다 더 중요하거나
나처럼 대단한 사람도 없고
나보다 더 못한 사람도 없다고 일러준다

해보고 싶은 일 시작이 반이다
기쁨도 아픔도 내가 결정하는 것
끊임없이 돈만 탐내는 돈나무
욕심이 넘치면 패가망신이다

회사 상호 이름 전화번호
마케팅 룰을 자주 바꾸면

빅데이터가 알려준다
알리바바와 40인의 도둑입니다 라고
눈 감으면 코 베어 갈 피래미들
겉 다르고 속 다른 먹튀
숭어가 뛰니 망둥이도 뛴다
속고 속이는 유사수신 피라미드
늦게 배운 도둑이 날 새는 줄 모른다

햇빛을 받아 꽃이 피듯
석양빛에 솟구치는 희망
새는 날아가면서 뒤를 돌아보지 않는다
성실한 땀은 열매로 맺힌다

네트워크 마케팅

신유통 네트워크 마케팅은
회원 직접 판매
초록이 동색이라는 불법 피라미드가 판을 친다
세상은 요지경이다 진실의 전달자인 기자들을
엉터리 '기레기' 라고 좌충우돌 항변하지만
'유유상종'은 사회적 병리
왜곡과 만행은 무식하면 용감하다
무관의 제왕이 무너지고
여왕벌처럼 달라붙던 패거리 짐승들
거꾸로 공갈 무고죄로 감옥 가는 꿈을 꾼다
발로 뛰어야 보이는 사기꾼 회사
옥살이를 하고도 제 버릇 개 못 준다
유사 수신행위와 싸구려 제품들
터무니없는 가격에 마케팅 보상플랜이 찾아낸다
부지런한 나의 발이 특종을 건졌다
여기저기 뿌려진 씨앗들
제보자는 오늘의 선물이다
한 집 건너 마케팅 회사들
불법이 사라지고 정도를 걷는 경영에
꿈과 희망이 햇살처럼 청명하여
북한산 백운대 인수봉이 보이고

관악산 기상대가 보인다
년 5조3천억원 매출 네트워크 마케팅은
후원수당이 2조원
회원 1천만 명이 먹고 사는 방법을 알려준다
직접 특수 판매로 업계가 이룬 실적이다

개천에서 용 났다

삶에 지쳐 막막하거든
강남역으로 간다

살길이 보인다
어렵고 힘들 때 스쳐 지나가던 마케팅
손을 잡아준 네트워크
기댈 어깨를 내어준다

가슴에 묻어 둔 잊을 수 없는 사람들
체험적인 고백과 의욕이 용기를 주었다
한순간의 부업이 둥지를 틀고
매달리며 뛰었더니
어느 새 직업이 되었다

아픔을 겪고서야 눈치챈
나눌수록 커지는 신비여
시련을 겪으니 미래가 보인다

정말 답답한 왕초보
회사와 제품 오리지널 브랜드를 보고도
그래도 미덥지 않아

초대한 파트너 사장님 마케팅 방법을 복제했다
정성을 다한 간절함으로
개천에서 용이 나왔다

함정

그때 IMF 외환위기
초유의 사태를 경험했다
피라미들
빨리 큰 돈을 벌 수 있다고
전형적인 상술
큰 수입 보다는
꾸준한 수입이 낫다

기회의 신이라는
피라미드
마진 구조는 사람장사
불법이 무시되고
포장된다
윤리적이고 합리적인지
살핀다

세상에
공짜는 없다
뭐든지
소비자가 평가한다

1등일 때만
구전이 전수된다

100세 시대 진화론

요즘은 100세 시대
긍정으로 키운 건강이 재산이다
시니어 실버
놀면 병이 생긴다
희망적인 부업을 찾는다

일회성이 아닌 꾸준한 수입
여유롭고 자유로운 노후경제
누구나 누릴 아이템은 건식이나
생필품이 좋다

직접 생산하며
소비자 만족도는 1등인가
보상 플랜 합리적인지
소자본으로 한 1, 2년 투자해보자
마음을 먹으니 고정관념이 깨졌다

입소문 그대로 할 수 있는 일
초대해준 입장을 존중한다
이제 나는 네트워커

떳떳하게 살며 긍지를 느낀다
회사의 일이 삶을 바꾸었다

파트너 이름으로

사업 파트너
엎치락뒤치락 하는
역사는 승자의 기록
약해지지 마
놀면 뭐하니
좋은 사람들 천지다

고기를 잡으러 기회의 바다로
줄서기는 지속 가능한 마케팅
한줄 두줄 세줄 매일 감동을 만난다
공정과 정의 소중하지 않은 것이 어디 있으랴
대등한 수평적 관계
투명한 소통의 합당한 보상
선망을 추구하는 인생은 마라톤
완주하는 것이 중요하다

너는 리더
나는 파트너라 쓰고
동반자라고 읽는다
성공이란 최고의 자리
다이아몬드는

엎드리며 키워주는것이
배려와 희망을
몰두로 맞춘 시간
행동방식이 닮았다

진행하던 미래가
방향이좋아
공든 탑이
믿음 든든한 단계를 함께
사랑을 배운다
내일은 나의 세상
내 자신이 선택한 가장 위대하다

강남역에서

강남역에서
만나자고 한사람
지하1층 대합실
반가운 미소 주먹인사
피라미드 물결속으로
피라미 때문어
온텍트 시스템이 깨운다

고달픈 생의 부엉이 사는 법
그땐 짐승만 알던 길
울면서 세월 실어간 기차
스크린도어 QR코드 즉시 체크인
하나에 모든 것 인생 전부가 들어있다
파란 초록불 '신호등'은 'GREEN ZONE'
진실게임 가짜를 찾는다

코로나가 무서운 삶의 무게
길이 끝나는 곳에서 길이있다
막차는 정시에 떠났다
버릴 것 다버린 마음
스마트 안심콜이 무지개된다

백신이 효자
효도상품 한보따리 이제 마스크를 벗는다

필수 안전 패턴 공정위는 말한다
"공제조합에 가입되어 있습니다
그럼 안심입니다 함께하세요." 라고

유사수신 행위

결정적 한방 공짜란 없다

그 인연 미끼 먼 곳 여기까지 왔다
성공과 실패 합법과 불법

죽어서도 성공 하겠다는
살 속에 박힌 처절함
"얼마나 산거야, 내가 미쳤어"
한 맺힌 소리
떠도는 영혼이 고개를 든다
아무리 애를 써도 안되는 세계 한탕
정신줄 붙들고 초심으로
긴가민가 하면서 고기잡는 법을 배운다

함께 일한다고 대화가 통한다고
'동상이몽' 세상사 모질고
인생사 거칠어도 그것은 '천심'
반기는 인연들 우연일리 없다
꿈을 쫓는 사람들
바다 깊은 곳 심해어들
노는 물살이 다르다

간절히 믿으면 원하면
꿈은이루어진다
변신은 무죄 행복을 열어준다
이제 '누군가'에게 힘이 되고 싶다
도움을 줄 수도 받을 수도 있는것이
살아가는 방법 응원과 위로 상식이 통하는
정신적인 충만함이
물고기들 지느러미 흔들며
너에게로 밀려 오고 있다
가까이서 보면 더 아름다운 날들
오늘을 기쁘고 감사한다

미나리 꽃이 피었다

보릿고개 주린 배
미나리는 채워주고
미나리 꽃은 하얀 웃음
소 한 마리 다 먹어도 배고프던
7080 삶의 풍경
5월의 캠퍼스 기숙사 연못가
축제 물결 나이테 세포가 살아난다

청룡 '상아탑'은 '우골탑'의 초상
시대의 아픔 타는 목마름으로
암울하던 최루탄
함께 분노하던
책가방은 돌멩이로
아픈 여정 아스라이 떠오른다

청바지는 맘보
상의는 군복을
블랙으로 물드려 입고
혓바닥 내놓은 워카커를 신었다
풀어 헤친채 저항하던 장발
포크 음악에 호강하던 귀

뮤직홀 '디쉐네' '몬테칼로' '쉘브르' '쎄시봉'은
우리들의 아지트
종이 비행기 날려버린
못다한 약속들 미안하다

바람은 사랑처럼 흔들고
바가지머리 스타일
가슴 뛰던 트위스트
춤을 추고 놀던 영자도 재호도
머물고 싶은 봄날은 간다
그랜마 끊임없이 그리웠다
살아 있구나 죽지않고 사라져 갈뿐

친구야 네가준 꽃다발 누군가는 아프다
살아남기위해 매달려 살던
불굴의 희망 자존감과 자신감이
내가 나를 해치던 절실
심장의 '떨림'은 화해와 용서

낮은 곳으로 어둠을 밝히는
미나리 하얀꽃이 피었다

희망이 불타올라

아픈 이들을 위하여
병을 이기고 일어나던 희망
고통과 상처 슬픔을 그늘바람에 말렸다
모처럼 신선하게 하얀 손등
살아서 새로운 기쁨주니
세속에서 얻은 병
모두 모아 저 강물에 띄우리라
그리워하던 발목이
아프도록 걷던 신작로
혼자 피었다 지던 날들도
일생이 아름다워서만
아름다운 사람은 없다
아픈 자리 상처 흉터가 되어
죽음보다는 훈장인 발자국들
그렇게 해가 바뀌고 일생이 된다
들여다 본 지나온곳 길가에
움튼 새싹들 이름 모를 꽃이 피었다
지친 자의 눈 절망을 털면서
불면증으로 밤을 지새워도
메마른 마음에 어제와 다른
아침이 오고 불타올라

뜨겁게 살고 있는
이 좋은 세상 오래 살고 싶어
눈물겨운 것들
가슴으로만 힘껏 끌어 안는다

뿌리가 깊은 나무들

삶의 길목에서
바람에 상한 나무, 그러나
인연이 되어 흔들리면서도
넉넉한 모습으로 살아간다
부러진 모습 그대로
상처 의연하고 아름답다

오늘의 고달픔
고통의 무게
어떤 말을 들을지라도
충분히 흔들리자

뿌리가 깊으면 잘리고 부러져도
비만 와주면 당당하게 새순은 다시 나온다

베품이란 빛과 어둠을 공유한다
이 세상 어디서나 새벽이 오고 강은 흐른다
작정했으면 못 할일이 없다
가시질 않는 갈증 비로소 해소되고
영원한 눈물도 영원한 아픔도 없다

여명이 밝아 온다
비탄과 설움
용비어천가 뿌리 깊은 나무
바람에 아니 흔들리고 훨훨훨

입춘이 지나서 어떤 일이 벌어져도
묵묵한 침묵 새봄의 꽃은 와락 피어난다

엘도라도 백마강 나루터 규암

뿌리는 백제인
엘도라도 금강 하구
출렁다리 그리워
못견디게강이 되고 싶을 때
백마강을 찾는다

산다는 것 물길 따라 내딛는 것
깊이 생각할 겨를도 없는
나당연합군 백강 전투
물러설 수도 뒤돌아 볼 수 없었다
앞으로만 걸었다

죽기 살기 얼마나 힘든 일인지
시간 속으로 빠져들어
자꾸만 깊어지고 넓어지던

세상을 알았을 때
생이란 강은 바다에 있었다

거대한 파도 물결 앞에서
나는 아무것도 아닌 한 점 물방울이었다

역사 앞에 세월을 잊은 듯
위례성에서 사비성까지
아픔을 지우 듯

백마강을 찾는다

백말을 미끼로 용을 낚던 소정방
슬픈 이야기 황산벌의 계백장군
낙화암과 삼천궁녀 한 서린 통곡 소리
천년의 영혼 달님이시여 높이 높이 돋으시어
위로하고 달래주던 정읍사 노래를 바진다

25시

때로는
20대 청년보다
60살의 청춘을 본다
나이를 먹는 것 만으로
사람이 늙는 것은 아니다

세월이 우리를
주름살은
늘게 하지만
열정을 가진 마음을
시들게 하지는 못한다

그길은 무거운 짐
고뇌와 절망과 좌절 때문에
기력이 떨어져 나갈 때
비로서 마음이 시든다
울만의 시 이상을 잃어버릴 때 늙는다

사랑이 있었기에
내 인생은
내가 사는 것

하루를 25시간으로
열정은 아직도 청춘이다

나의 마지막 사업
네트워크 박물관을 지어야 하고
시비공원을 만들어야 한다
반드시 이룩하고자 영원을 산다
바쁘고 바쁘다

몽상가

세일즈맨에서
신화를
새로 쓴
판매의 역사
아름다운
네트워크 마케팅을 찾았다

온 세계를 위하여
죽을 힘으로 만든
초일류 기업
착한 사람이
성공 하는 원리원칙
리더십이 매력이다

영혼을 소중히 살아온 대로
심금을 흔드는 CEO
군더더기 가 없다
회원 수 1000만 명
유권자의 수가 천만명
우뚝 선 괴물이다

세월은 사람을
기다려 주지 않는다
나는 오늘도 꿈을 꾼다
본듯한 얼굴
시장도 도지사도 대통령도
꿈은 몽상이다

달팽이의 성찰

벽이라고 느낄 때
서두르지 않고
오르기 시작한다

느린 달팽이 만나거든
섣불리 도우려 하지 마라

그만한 이유가 있어
스스로 궁지를 벗어나려
나름대로 최선을 다하고 있다

등을 떠밀지 마라
내리쬐는 땡볕을 지고
꼬물꼬물 기어이 오른다

그리고 마침내 벽을 넘어간다
느려도 굼떠도
그는 포기하지 않는다

승자와 패자

사느냐 죽느냐
먹느냐 먹히느냐
정정당당히 목숨 걸고 싸운다

이기고 지는 결과에
산 자는 시작하고
죽은 자는 말이 없다
방심을 한 탓이다

질서는 근본과 원칙
원인에 순응하라
그래야 계산을 하고 기회가 온다

살다보니 잘난 사람 철든 사람
참된 사람 보다 부드러운
소금빵 되거라 하시던 말씀
이제야 알겠다
오래오래 살아 남는 법이라고 하신다